Und jenseits jedweder Romantik

umarmen sich

Träume und Grenzen

Herstellung und Verlag:
BoD - Books on Demand, Norderstedt
ISBN 978-3-7386-3030-5

Urschrei

Windstärke fünfundreissigtausend,

das Eis beisst in die Wange

das Atmen wird zum Kraftakt

und jeder Muskel kontrahiert

und die Worte kommen gegen den Wind nicht an

und

irgendwo dort

legte das Glück die Hand auf meine Schulter,

hallo, alter Freund,

tja, das hättest Du wohl nicht gedacht,

hier

und

einfach so

Hochzeit

Möge die Liebe
Dich einhüllen
Mit ihren großen Flügeln
Und Dich tragen an den Ort
Den nur Du kennst
Nach dem du Dich so sehr sehnst

Möge das Glück
Euch begleiten
und Euch Lebensstunden schenken
so zahlreich
dass die Arme eines Einzelnen
zu schwach waeren
um sie zu tragen

Möge der Blick
des anderen
in jeder Stunde
ob aufmerksam
müde
kritisch
oder krank
Euch
dennoch
oder gerade deswegen
sagen
das
was Du siehst
ist Zuhause

Für Sven

Wenn ich nur könnte
eine einzige Nacht
neben Dir liegen

Dein Gesicht sanft in meinen Händen
Dein Haar durch meine Finger
Deine Lippen an meinen
Deine Augen so voller Sehnsucht

Ich würd Dich halten
Dich begehren
Dich lieben
In Dir vergehn
Mich nach Dir verzehren
Dich einatmen

Bis der Morgen uns der verbotenen Erinnerung weist

Für Sven II

Der Rauch der Wunschrakete noch am Himmel
taumeln wir ins neue Jahr
Sagen uns alles
was verboten ist
Und nichts
was am Tag von Bedeutung sein kann

Vielleicht lügst Du
wenn Deine Lippen meine berühren

Vielleicht wünsche ich mir
alles wäre Lüge

Dürfen wir alles
weil wir betrunken sind
oder
trinken wir
damit wir glauben, zu dürfen?

Abschiedslied für Dich

Ich würd` Dir alles schenken
jedes Staubkorn an Glück
das auf dieser Erde existiert

Ich würd Tage und Nächte durchwandern
um alles für Dich zu finden
um alles für Dich zu sein

Hier, für Dich,
würd ich sagen
alles in Deine Hände legen
alles Glück
alle Welt
alles Ich

In Deinen Adern soll Blut fliessen
satt von Glück und von Liebe
Deine Morgende sollen mit Freude beginnen
und Deine Nächte Dich einhüllen
in Sanftmut und Wärme

Ich werde sie bewahren
meine Liebe zu Dir
wie einen Schatz
ein Geschenk
eine kleine Welt
das Meer, die Sterne, alles zugleich

Doch bitte
erwarte keine Freudentränen

Tränen
die Gedanken an Dich umspülen
werden immer salzig schmecken
so wie der Schmerz
um das Waswärewenn
immer hinter Dir stehen wird

wenn sich unsere Blicke treffen
wenn Dein Geruch
durch mich strömt
wie
eine Droge

Und wenn Dein Haar danach schreit
von mir berührt zu werden -

Ich verspreche mir die Ohren zuzuhalten.

Vorbei

Es ist der süße Schmerz
den ich begehre
da
wo die Resignation
schon lange ihre Felle ausgebreitet hat

Und ich lege mich auf sie
Der süße Brei
zergeht dabei auf der Zunge
kurz vor übel
lang hinter lecker

Du lachst sie an
Sah das bei uns auch so aus
für die anderen
Ich glaube kaum

Es ist gut
wie es ist
Ich brauche Dich
leider
nur noch als
Geschenkpapier für mein Schächtelchen Melancholie

Nicht gesund

Husten - stop
Temperatur erhöht -
höher -
irre
Gedanken an längst vergangene Zeiten
39,5 - die Welt ist leise
Alles dreht sich
Um -
Was eigentlich
Nebelschwaden im Kopf
Und alte Trauer

Vampirzähne am Hals
Auch der letzte Tropfen
Ein echter Wirt gibt alles her
Die Vorstellung von
Kraft :
Befremdlich -
Stattdessen:
Schmerz
Ziehen
Brennen
Stechen
- Überall -
Feuer im Rücken
Die Haut heisst Feind

Wut:
Auf alles -
Lebendige
Da draußen
Ohne Schmerzen

Kraftvoll und voller Lust
Auf Bewegung
Und Atmen

Warten auf :
Genesung
Was gäbe man für -
Auf der Stelle!
Geht auch nicht schneller voran
Geduld ist eine Tugend -
Blanker Hohn
Resignation: ein Segen
Oder
Selbstschutz

Die Tage: unendlich
Und nur ein
Bruchteil
Der Nacht

Ausharren im
Vakuum
Bis:
Der Druck entweicht -
Nicht kürzer
Nicht länger
Warten ohne Wahl
Kein A oder B
Zukunft ohne:
Wird imaginär
Und doch
Eintreten
Wenn es dann ist.

Ebbe und Flut
oder
Liebe ueber´s Knie

sein Whiskey
mein kaputtes Knie
das Gefühl, das nichts! nichts! nichts!
sicher ist im Leben,
hier,
bei zehn von zehn möglichen Punkten

Jenseits jedweder Ökonomie umarmen sich Träume und
Grenzen
die Liebe ängstigt
nach wie vor

 treibt an

sich selbst nicht mehr zu verstehen

Wut zu empfinden
Neid
Missgunst
Überheblichkeit

völlige Auflösung in der Liebe,
sich verlieren in ihr
oder Erfüllung spüren bis sein

Name alles ist
im Kopf
auf den Lippen
im Herzen

Und doch genau dann
vielleicht deswegen sogar?
rollt sie an
die Welle Wut

schäumt und spült unwillkommen

die Nähe
rüttelt an der Festung wie ein
Nordseesturm

Die Flut
kommt
überschwemmt
versteckt,
reisst mit

Karten werden neu gemischt
ein neues Blatt

Die Ebbe
nimmt es an
legt frei,
lässt Sonne auf die glänzenden Steine

befreit
beruhigt

Whiskey oder Wasser

Die Flut aber hält ihr Versprechen
und schenkt
der nächsten Ebbe
das versprochene
neue
Kleid.

Nah und fern

Eben noch das Paradies
Liebe vor´m Kamin
innig, einig, ganz und gar

Das Knistern des Feuers
Holz glimmt
Funken springen
zwischen Dir und mir.

Da - ein einziger Funke nur -
zu heiß
Du erschrickst
ziehst Deine Hand von meiner Hüfte

ein kurzer Schmerz
auf Deiner Haut - der Funke
auf meiner Haut - Deine fehlende Hand

viel zu heiss hier
bemerke ich plötzlich
entziehe mich auch dem Rest Deiner Wärme
verschränke die Arme auf gekreuzten Beinen
versinke im Anblick der Glut in meine Welt

Du greifst nach den Zigaretten
feuerst
inhalierst die Distanz
verlierst Dich im Rauch
allein

Deine Hand so weit weg
mein Herz noch weiter
das Holz kohlt

auf der Zunge der bittere Geschmack
von Vergänglichkeit

bis zur nächsten Nacht
vor´m Kamin

Leise

Und während wir streiten
umarme ich Dich

in Gedanken.

Und während ich Deinen Blicken ausweiche
um Dich zu kränken

schmiege ich meine Wange an Deine

in Gedanken

und Du küsst meine Tränen

Und während meine Stimme sich füllt
mit Aggression und Abwehr

flüstere ich Dir ins Ohr

in Gedanken

aber
dennoch

ich liebe Dich

und in meinen Gedanken

flüsterst Du zurück

Enttäuscht

Da, sieh nur!
hast Du gerufen
damals
mit blauen Fensterläden!
Terrasse im Südstaatenstil!
Zitronenbrause inklusive!
Sogar mit Strohhalm!

Und ich nahm
einen grossen Schluck
kühles Prickeln auf der Zunge
Augen zu
Glücksgefühl

Und hier,
hast Du geflüstert
lang ist´s her
der Garten!
Das Tor aus Rosen dort!
Die Erdbeerbeete!
Hängematte!
Platz zum Grillen!

Und ich schloss die Augen
sah die Sterne
am Nachthimmel
Funken am Lagerfeuer
bis mir schwindlig wurde
vor Wonne

Und wir tanzten
um das Feuer
und schliefen
im Zelt
der Vollkommenheit
eng umschlungen
ohne Angst

Am Morgen
sah ich Wolken
in grauem Himmel
und blaue Farblacksplitter
wohl abgeblättert
auf abgestandener Zitronenlimo
im Glas

Das Lagerfeuer
hatte sich wohl
des nachts
noch während wir tanzten
durch die Hängematte gefressen

Und Würmer
lukten vom Rand
der Erdbeeren
so
als wäre
nichts gewesen

Es war wohl
wirklich
nichts gewesen

Fremdes Gefieder

Durch fremde Feder schreib´ ich Dir und beichte, was
Du schon gespürt.
Das Federkleid war nicht das Meine,
es hat mich bloss so hübsch verziert!
Es war so einfach anzuzieh ´n
ganz federleicht und seidig,
bei jedem Schritt, so schien es mir,
wurd´es noch mehr geschmeidig.
Und auch hab´ich recht schnell gespürt,
Du hast mich nur geliebt, verführt,
gelobt, gehuldigt und beweiht -
in meinem fremden Kleid.
Ich scäme mich so sehr
und weiss,
Du wirst mich hassen.
Doch ganz am Ende,
glaube mir,
werd ´nur
ich
Federn lassen.

Ein Moment

Und ich nehme
Dein Gesicht
in meine Hände
und küsse
Deine Stirn
und verliere mich
im warmen Ton
Deiner Augen
und flüstere

Was hat man Dir
nur angetan
einst
dass Du
Gefallen daran findest
mir wehzutun

Wiedersehen

Und jenseits
von Schutt und Asche
steht
Herr Traum

hager
grau
gezeichnet vom Sturm.

Kaum wiederzuerkennen,
der arme
alte
Freund

Und ich habe mir unseren

Ring tätowiert

weil ich dachte

ich würde mir den Finger abhacken,

wenn es vorbei wäre -

Aber heute Abend spiele ich Klavier.